T0405560

TRABAJOS QUE QUIEREN LOS NIÑOS

¿QUÉ SIGNIFICA SER VETERINARIO?

CHRISTINE HONDERS

PowerKiDS press.

New York

Published in 2020 by The Rosen Publishing Group, Inc.
29 East 21st Street, New York, NY 10010

First Edition

Translator: Ana María García
Editor, Spanish: Natzi Vilchis
Book Design: Michael Flynn

Photo Credits: Cover, p. 1 LWA/DigitalVision/Getty Images; pp. 4, 6, 8, 10, 12, 14, 16, 18, 20, 22 (background) Apostrophe/Shutterstock.com; p. 5 wavebreakmedia/Shutterstock.com; p. 7 https://commons. wikimedia.org/wiki/Category:History_of_veterinary_medicine#/media/File:Apothecary_giving_medicine_to_ dog,_Augsburg_school,_18th_c._Wellcome_L0019359.jpg; p. 9 Fuse/Corbis/Getty Images; p. 11 Tyler Olson/ Shutterstock.com; p. 13 Orlando Sierra/AFP/Getty Images; p. 15 Bruce Weber/Shutterstock.com; p. 17 VGstockstudio/Shutterstock.com; p. 19 hedgehog94/Shutterstock.com; p. 21 Robert Daly/ Caiaimage/Getty Images; p. 22 Terayut/Shutterstock.com.

Cataloging-in-Publication Data

Names: Honders, Christine.
Title: ¿Qué significa ser veterinario? / Christine Honders.
Description: New York : PowerKids Press, 2020. | Series: Trabajos que quieren los niños | Includes glossary and index.
Identifiers: ISBN 9781725305762 (pbk.) | ISBN 9781725305786 (library bound) | ISBN 9781725305779 (6 pack)
Subjects: LCSH: Veterinarians—Juvenile literature. | Veterinary medicine—Vocational guidance—Juvenile literature.
Classification: LCC SF756.H66 2020 | DDC 636.089′069—dc23

CPSIA Compliance Information: Batch #CSPK19. For Further Information contact Rosen Publishing, New York, New York at 1-800-237-9932.

CONTENIDO

Médicos de animales

Las mascotas forman parte de nuestra familia. Cuando se enferman, las llevamos al veterinario. Los veterinarios son médicos de animales. No solamente vacunan a perros y gatos, también evitan que los animales y las personas se enfermen.

Veterinarios en la historia

¡Los primeros veterinarios existieron hace unos cuatro mil años! En 1700, una **enfermedad** acabó con casi todo el ganado de Europa. Poco después, la gente comenzó a estudiar cómo evitar que los animales enfermaran. Fue entonces cuando comenzó a practicarse la veterinaria moderna.

Qué hacen los veterinarios

Los veterinarios averiguan por qué los animales están enfermos y cómo tienen que curarlos. Los **examinan** y analizan su sangre. Les dan **medicamentos** para que se sientan mejor. Los veterinarios también los vacunan para mantenerlos sanos. Algunos veterinarios **operan** a los animales.

En el consultorio

Muchos veterinarios trabajan en consultorios. Ahí realizan los chequeos y curan a las mascotas enfermas. También aconsejan a los dueños de perros y gatos cómo evitar que sus mascotas tengan pulgas. Algunos veterinarios trabajan en clínicas veterinarias. Ahí, atienden a animales muy enfermos o **lastimados**.

Visitas a domicilio

Algunos veterinarios cuidan a los animales de las granjas. Se aseguran de que no tengan ninguna enfermedad y así evitan que se contagien. ¡Incluso los **asisten** cuando nacen sus crías! Los veterinarios también trabajan en zoológicos, mantienen sanos a los animales y ayudan a proteger a los que se encuentran **en peligro de extinción**.

Cuidando de todos

Los veterinarios también cuidan de la gente. Luchan contra las enfermedades que los animales pueden transmitir a las personas. Investigan sobre nuevos medicamentos para curar esas enfermedades. Algunos van a los lugares donde se empaqueta la carne que se va a vender. Ahí, examinan a los animales para asegurarse de que su carne es saludable para el consumo humano.

Saber tratar a los animales

Muchos animales se asustan cuando van al veterinario. Los veterinarios saben tranquilizarlos. Los animales no pueden hablar, por lo que los veterinarios los observan con atención. Preguntan a los dueños cuál ha sido su comportamiento para ayudarlos a averiguar qué les ocurre.

Día o noche, llueva o truene

Al igual que los otros médicos, los veterinarios también suelen tener días largos y difíciles. Trabajan por las noches y los fines de semana. Tienen que salir en mitad de la noche en casos de emergencia. Los veterinarios que trabajan en granjas y zoológicos, por lo general, lo hacen en el exterior, fuera del consultorio y en cualquier epoca del año, sin importar que llueva, truene o relampaguee.

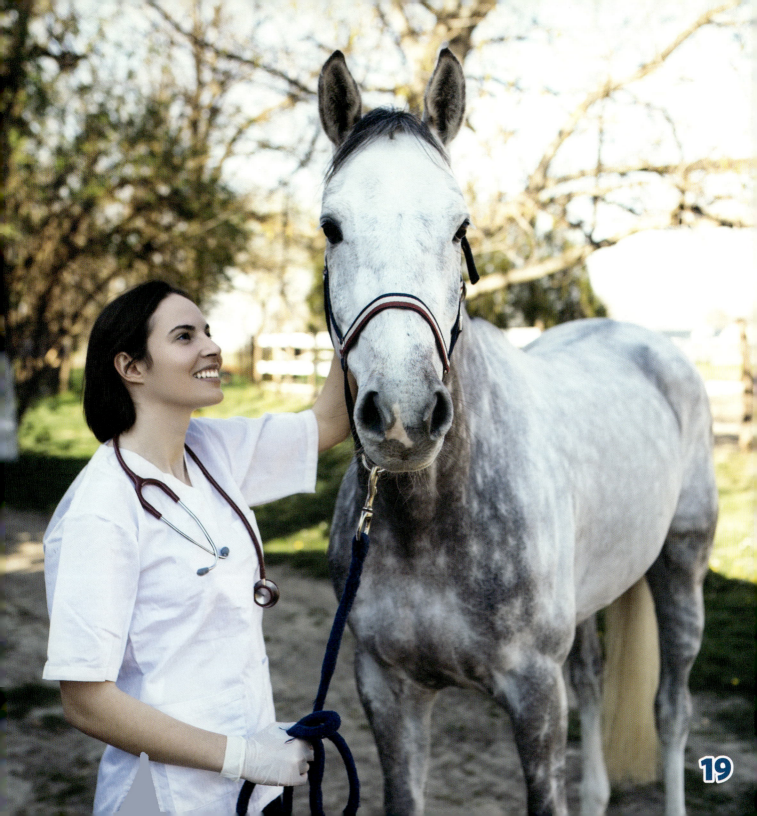

Para ser veterinario

Después de terminar la secundaria o *high school*, los estudiantes que quieren ser veterinarios van a la universidad. Estudian **Biología** u otra ciencia relacionada. Después, tienen que pasar un examen para ingresar a la facultad de Veterinaria. Allí deberán estudiar durante cuatro años. Al finalizar los estudios deben tomar un examen final. Si lo aprueban, ¡ya son veterinarios!

Los veterinarios aman su profesión

La mayoría de los veterinarios afirman que son muy felices con su trabajo. Les encantan los animales y cuidar de ellos. Los veterinarios son la voz de nuestras mascotas. Les gusta hacer que los dueños de mascotas se sientan tranquilos. ¡Son imprescindibles en nuestra vida!

GLOSARIO

asistir: ayudar.

biología: estudio de todos los seres vivos.

en peligro de extinción: que están en riesgo de desaparecer del planeta para siempre.

enfermedad: problema de salud.

examinar: mirar con mucho cuidado y atención.

lastimado: que está herido o que tiene dolor.

medicamento: sustancia que se toma para sentirse mejor.

operar: llevar a cabo un tratamiento médico que consiste en abrir partes del cuerpo con instrumentos adecuados y con fines curativos.

ÍNDICE

SITIOS DE INTERNET

Debido a que los enlaces de Internet cambian constantemente,
PowerKids Press ha creado una lista de sitios de Internet relacionados con el tema de este libro.
Este sitio se actualiza con regularidad. Por favor, utiliza este enlace para acceder a la lista:
www.powerkidslinks.com/JKW/veterinarian